7
Lk 32.

LE CRI
DE LA VILLE D'AGDE.

LA ville d'Agde, dont tout le midi de la France a connu et applaudi le dévouement pour son Souverain légitime, aussi intéressante par les malheurs que lui a attirés sa fidélité, qu'elle est glorieuse de les devoir à cette cause, est menacée de devenir la victime du mouvement populaire, qui, dès la fin du mois de juin 1815, l'a replacée prématurément sous le sceptre tutélaire du Prince chéri qui met sa félicité à assurer celle de son peuple.

Les Bourbons reviennent en 1814; la ville d'Agde prend, sous leur gouvernement paternel, une nouvelle physionomie; le commerce, dont il ne restait plus que le nom, se ranime et prospère; le propriétaire chargé du produit de plusieurs récoltes, trouve un débouché pour ses denrées; le marin répare, par des voyages lucratifs, les pertes inséparables d'une longue guerre maritime; l'artisant rouvre son atelier, et reprend ses outils rouillés ; le travail éloigne, des hommes de peine et de journée, la misère sous laquelle ils sont prêts à succomber ; toutes les classes sont rappelées à la vie ; le bonheur se montre à toutes les familles ; le cœur s'épanouit, la joie ne se contraint plus, et la ville d'Agde retentit tous les jours de chants, de cris, d'acclamations qui manifestent son amour pour son Roi. L'opinion, les sentimens, l'intérêt, tout attache les habitans d'Agde au gouvernement des Bourbons ; la satisfaction est si vive, si générale, si prononcée, que les plus ardens zélateurs de la démagogie se voient forcés d'en affecter l'apparence ; ils se déguisent sous les couleurs du temps ; voilà la ville d'Agde, avant le retour de l'usurpateur.

Bonaparte rentre et triomphe, tout est changé pour nous. Agde ne ressemble plus à elle-même ; le régime de 93 y reparaît avec toutes ses horreurs. Elle a repoussé, le 31 mai 1815, les autorités impériales ; elle en sera punie.

Une force armée, étrangère et considérable, écrase la ville du poids de son entretien, et est logée chez les particuliers qu'elle insulte, maltraite et rançonne. Des contributions extraordinaires sont levées sur les habitans, et la terreur qui les arrache ne permet pas de suivre l'emploi qu'on en fait. On poursuit, on arrête, on traîne, dans les prisons de Béziers et de Montpellier, des royalistes de tous les états ; ce n'est pas la condition, c'est l'opinion qui fait le crime ; tous les rangs fournissent leurs victimes, et le plus grand nombre est pris parmi le peuple (1).

Ainsi la liberté des habitans n'est pas plus respectée que leur fortune ; leurs vies ne sont pas plus en sûreté que leurs biens. Chacun tremble, fuit, ou se cache. L'épouvante a saisi les esprits ; et les alarmes que ces scènes de malheur et de désolation répandent dans les familles, l'effroi qu'elles y portent, les sensations fortes et douloureuses qu'elles y causent, donnent la mort à plusieurs personnes, trop vivement frappées de leurs propres dangers, ou trop profondément affectées de ceux que courent leurs proches (2).

---

(1) Tel était l'état de détresse de certains détenus, que l'on fit à Béziers une quête pour subvenir à leur nourriture, et à celle de leurs familles, exposées à manquer de pain par la détention de celui ou de celle dont le travail journalier leur en fournissait.

(2) Le lait de la dame Allier, détenue avec son mari dans les prisons de Montpellier, empoisonné par le chagrin et par les frayeurs, porta la mort dans le sein de son nourrisson, son seul enfant mâle.

Mais quels ennemis de son bonheur la ville d'Agde renferme-t-elle donc dans son sein, qui aient pu la transformer presque tout à coup en un théâtre où, sous le déguisement de la livrée impériale, la démagogie exerce toutes ses fureurs ? L'opinion publique et le cri unanime des habitans signalent ici, sans hésitation, et principalement le sieur Guy, marchand, alors receveur municipal, pour qui, comme pour tant d'autres, Bonaparte n'est que la voie et non la fin, et qui ne considère son retour, que comme le passage de la monarchie des Bourbons à la république des Jacobins.

Les démarches du sieur Guy sont trop publiques pour n'être pas connues ; et la gloire qu'il attache à leur succès, explique la publicité qu'il leur donne. Encouragé par la confiance de Gilly, commissaire extraordinaire de Bonaparte, dans le département de l'Hérault, il ose tout avec d'autant moins de circonspection et de ménagement, qu'il compte sur la durée de la carrière politique, qui s'ouvre devant lui.

Mais la scène politique change. La bataille de Waterloo rend aux Français leur Prince légitime. La nouvelle en parvient à peine dans Agde, que le sieur Guy mesurant ses dangers sur sa conduite, et s'accusant des torts qu'on lui impute, par la précipitation de sa fuite, court chercher, dans un domicile étranger, la sûreté qu'il ne s'attend plus à trouver dans le sien.

Le peuple dont la joie est rarement exempte d'excès, et qui n'a eu d'autres persécuteurs que les ennemis même des Bourbons, voit la cause de son Roi dans la sienne ; associe son Souverain à son ressentiment ; et croit de le venger, en se vengeant lui-même des maux qu'il n'a soufferts que pour lui avoir été fidèle.

La maison du sieur Guy est pillée.

Le peuple transporté d'indignation contre lui, est sourd à la voix de ceux qui veulent le ramener à l'ordre ; il s'irrite par les efforts même qu'on fait pour le calmer ; la force armée est impuissante. On ne parvient à retirer, d'entre les mains de la populace mutinée, que le frère du sieur Guy, manouvrier indigent, que quelques conseillers municipaux font transporter dans la maison commune, où il trouve la sûreté et des secours.

Aujourd'hui que la clémence du Souverain a soustrait le sieur Guy au châtiment de ses propres excès, il cherche à faire punir la ville d'Agde, de ceux dont il a été la cause et la victime. Il demande qu'elle lui paie **la valeur des marchandises, enlevées le 1.er** juillet 1815, dans le pillage de sa maison, et il invoque, en sa faveur, les dispositions de la loi du 10 vendémiaire an IV, sur la responsabilité des communes.

Quelle loi! et quel temps que celui dans lequel elle a été rendue! Réprouvée au tribunal de la raison et des principes, elle se retranche derrière la charte, qui n'osant presque pas avouer l'appui qu'elle lui prête, dérobe, pour ainsi dire, son existence à nos regards, en la confondant avec mille autres dans son article 68. Les lois sont faites pour la sûreté et le bonheur de la société, et dans l'intérêt du plus grand nombre. Mais par cette loi-ci, le plus grand nombre demeure à la merci du plus petit; les fortunes sont à la discrétion de celui qui osera tenter de se les approprier; le moyen de s'enrichir aux dépens des autres est offert à celui que le dérangement de ses affaires réduit à l'employer. En effet, on peut se faire piller par spéculation, lorsqu'on a la certitude de se récupérer avec avantage sur ses concitoyens, de la perte que le pillage sera censé avoir occasionnée. Rien de plus commode que cette responsabilité des communes, pour parvenir à faire passer en ses mains la fortune d'autrui; quelques gens dévoués, une émeute ménagée, un moment bien choisi, il n'en faut pas davantage, pour faire commettre chez soi des déprédations qui doivent ne faire d'autre victime, que la commune qui n'aura pu les empêcher. Et une loi, qui encourage à de pareils désordres, qui présente de si graves inconvéniens, pourrait être considérée parmi nous comme l'expression de la volonté de Louis XVIII? Non, il en ignore certainement l'existence, ou du moins il n'en souffre pas l'exécution.

Mais cette loi fut-elle encore exécutée, doit-elle l'être dans le cas actuel? La situation particulière, extraordinaire, de la ville d'Agde, à l'époque du pillage de la maison du sieur Guy, n'établit-elle pas une exception qui n'a échappé au législateur lui-même, que parce qu'il n'aurait osé supposer la circonstance d'où elle résulte? Une insurrection contre le gouvernement de l'usurpateur, soustrait la ville d'Agde au joug de ses agens, sans la placer sous le gouvernement du Prince légitime, qui n'est encore ni proclamé, ni rétabli. Aucune administration ne remplace légalement celle que l'insurrection a détruite. Bonaparte n'est plus rien pour nous, et Louis XVIII n'est pas davantage encore. Agde n'appartient à aucun gouvernement, le peuple en est le souverain, qu'opposer à ses excès?

Les membres de la mairie proscrite au

retour de Bonaparte, et rappelés à leurs fonctions par un arrêté de M.r de Montcalm, sont encore dispersés et loin de leurs foyers. Un seul adjoint réunit à lui quelques conseillers municipaux, quelques habitans notables, avec lesquels il s'efforce de composer un simulacre d'administration, qui puisse en imposer à la multitude, et prévenir les effets de son effervescence.

Mais que peut, par la vertu seule de sa bonne volonté, et dans la disproportion de ses moyens avec les besoins, ce corps administratif provisoire, à qui le nom d'autorité conviendrait d'autant moins qu'il n'en avait aucune. Le peuple avait connu et donné la mesure de ses forces dans notre ville; et cette circonstance alarmante, qui mettait à sa discrétion les personnes et la fortune de tous les habitans, ne laissait plus à ceux-ci d'autres garanties, contre le pillage de leurs propres maisons, que des opinions plus saines, et qu'une conduite plus sage, que celles qui avaient excité, contre le sieur Guy, l'indignation publique.

La garde nationale, affaiblie par les secours envoyés à Béziers pour s'opposer à l'entrée des troupes du général Decaen, ne présentait plus qu'une poignée d'hommes, divisée sur les points menacés, et qui réglait, sur les mouvemens de la populace, ses marches et la distribution de ses faibles secours.

Telle était la position de la ville d'Agde, lors du pillage de la maison du sieur Guy. Les lois y étaient sans autorité. L'autorité, ou ce qui en avait l'apparence, était sans force. La force était entre les mains de ceux contre qui il aurait fallu l'employer. Est-ce sur une commune, ainsi subjuguée elle-même par la puissance des événemens, et par la violence des agitations populaires, que la loi du 10 vendemiaire an IV a entendu faire peser la responsabilité des déprédations commises dans son enceinte? On n'oserait le soutenir. La loi suppose un état ordinaire, l'existence d'une autorité qui peut ce qu'elle veut, une force suffisante et protectrice, la possibilité de se faire obéir, les moyens de réprimer. Or, rien de tout cela n'existait dans Agde, pendant l'insurrection du 28 juin 1815 et des jours suivans.

Et d'ailleurs, l'application de cette loi s'étend-elle au cas où le dégât, commis chez un particulier, aura été précédé et amené par ses provocations, et où il ne peut imputer qu'à son inconduite les pertes dont il demande à être dédommagé?

Le pillage de la maison du sieur Guy, n'a été que la suite d'une agression de sa part.

★

La destitution de l'administration municipale, qui était en place avant la rentrée de l'usurpateur; son remplacement par deux adjoints, amis intimes du sieur Guy qui étoit leur conseil et leur oracle; la mise en état de siége de la ville d'Agde, le 9 juin 1815; à qui en est-on redevable, et par les démarches de qui tous ces changemens se sont-ils opérés? Ces fédérés qui rançonnaient les particuliers, s'ils ne les pillaient pas, par qui avaient-ils été amenés de Béziers? qui en avait dirigé la distribution par douzaine dans bien de maisons? Ces royalistes de tout rang, qu'on arrachait à leur domicile pour les traîner dans les prisons, sous quels coups tombaient-ils, et par qui les listes de proscription, qui en recélaient les noms, ont-elles été présentées à l'ex-général Gilly? Ces contributions extraordinaires, qui ont frappé toutes les classes d'habitans, qui en réglait le taux? et à qui devait-on l'appel des militaires et des fédérés dont elles entretenaient et récompensaient le dévouement (3)?

N'est-ce pas le sieur Guy, que la voix publique proclame l'auteur principal de toutes ces vexations? Et ces vexations ne sont-

---

(3) Elles se sont élevées jusqu'à 70,000 fr.

elles pas autant d'attaques contre la fortune, la liberté, la vie des citoyens? Lequel donc est l'agresseur dans cette lutte d'opinions politiques, ou du sieur Guy vengeant l'usurpateur, de la haine du peuple d'Agde, par les violences qu'il exerce, ou qu'il fait exercer contre celui-ci dans l'interrègne ; ou du peuple d'Agde, se portant envers le sieur Guy, après la bataille de Waterloo, à des excès qu'il croit autorisés par le droit de représailles, et par l'intention de châtier un ennemi déclaré du Prince légitime?

Lorsque la notoriété des faits fortifie le témoignage d'une ville entière, sur la vérité des accusations dont le sieur Guy est l'objet, il devient presque superflu de chercher, dans sa conduite, même à la fin de juin 1815, la preuve de ses torts et de ses travers politiques. Mais dans une consultation, dont il a voulu faire un épouvantail à la commune d'Agde, il a prétendu que des affaires particulières l'avaient obligé de s'absenter dans les derniers jours du mois de juin, et que des méchans avaient mal interprété cette absence. Suivons un moment ces méchans dans les conséquences qu'ils tirent de l'éloignement du sieur Guy, et faisons tourner à leur confusion, s'il est possible, la maligne interprétation qu'ils donnent à cette circonstance.

D'abord, ont-ils dû se dire à eux-mêmes, n'est-il pas remarquable que l'époque de cette absence, concourt avec celle où est parvenue dans Agde la nouvelle de la bataille de Waterloo? Le sieur Guy part, et les affaires qui l'éloignent de ses foyers lui sont communes sans doute avec ses intimes amis, les deux adjoints nommés par Gilly à la Mairie d'Agde, puisque le 28 juin ils disparaissent comme lui. Il part, et les soins que réclame la situation de sa famille, et le besoin que son magasin a de sa présence, et le service journalier de la caisse de receveur municipal, dont il est chargé, sont sacrifiés aux intérêts pressans qui l'appellent tout à coup en d'autres lieux. Le sieur Guy part, et cette vertu attractive, qu'a le drapeau tricolore pour ces esprits républicains, dont la clémence royale fait presque autant d'ingrats, le détourne insensiblement de la route que lui traçaient ses affaires, et l'attire, comme malgré lui, à Montpellier où ce drapeau flottait encore, et où il se réfugie auprès de Gilly prêt à décamper lui-même de cette ville. Il part enfin, et telle est la sécurité que lui inspire la justice de ses procédés, et la confiance qu'il a dans les sentimens de ses concitoyens pour lui, qu'il prend la précaution de cacher dans un lieu masqué ses marchandises les plus précieuses.... Méchanceté! calomnie! m'écrierai-je ici avec le sieur Guy, cela ne saurait être. Un acte si frappant de sa prévoyance, dirait autant que la preuve la plus authentique.

Mais que vois-je!..... Le sieur Guy en convient lui-même dans une de ses requêtes. Quel aveu! funeste et mal-adroite précaution! Que de craintes elle décèle! que de preuves elle remplace! quel triomphe pour ces méchans qui s'obstinent à qualifier de fuite précipitée, la disparition subite du sieur Guy, et auxquels la vérité ne dédaigne pas de prêter ses accens persuasifs, pour donner plus de force aux objections suivantes :

Si le sieur Guy n'avait point fait de victimes dans les cent jours, aurait-il craint de le devenir lui-même de la fureur populaire?

S'il fuit; s'il cache, et fait même transporter hors de chez lui, avant son départ, ses marchandises les plus précieuses; d'où lui viennent ses alarmes, si sa conduite est sans reproche? quelle vengeance a-t-il à redouter, s'il n'en a exercé aucune?

Si, tandis que l'usurpateur régnait encore, le séjour de la ville d'Agde ne lui a présenté aucun danger, comment y en a-t-il conçu tout à coup de si grands, dès l'instant que la scène politique a changé, si pendant l'interrègne ses opinions n'ont pas heurté de front celles des habitans, si ses actes n'ont pas froissé violemment leurs intérêts?

Si d'autres maisons dont les propriétaires ne pensaient pas mieux, mais agissaient plus sagement que le sieur Guy, ont été respectées par le peuple, pourquoi la sienne aurait-elle été pillée de préférence, s'il eût suffi de la seule différence de l'opinion, pour être exposé à cette déprédation, sans égard au mérite de la conduite?

Si le pillage de la maison du sieur Guy n'a pas entièrement satisfait la vengeance du peuple, et si celui-ci a cherché à la consommer par un plus grand attentat sur sa personne, d'où procèdent ces transports de haine et de fureur, si celui qui en est l'objet, ne les a pas excités par des vexations et des injustices révoltantes? L'effet démontre ici la cause (4). En un mot, si le sieur Guy n'avait pas eu besoin d'attendre que le temps affaiblît le souvenir de sa conduite, et que la politique et la bonté du Prince en assuras-

---

(4) Des prisonniers d'un certain rang arrivent de Montpellier, pour être conduits au fort Brescou. Le bruit se répand que le sieur Guy est du nombre. Le peuple se précipite sur la voiture qui les renferme. C'était fait du sieur Guy, si malheureusement il s'y fût trouvé.

sent l'impunité, aurait-il tardé trois ans à attaquer, en dédommagement de ses pertes, une ville où il n'a plus osé reparaître ?

Tout concourt donc à prouver que le peuple d'Agde a été provoqué aux excès, commis dans la maison du sieur Guy, par ceux dont celui-ci s'est rendu coupable pendant l'interrègne, et que le sieur Guy ne doit imputer qu'à lui-même, le pillage de son magasin. Dans ce cas, où sont ses droits au paiement qu'il réclame, et que deviennent ses prétentions, dont il sent tellement la faiblesse, qu'il est obligé de les étayer d'un mensonge, dont il sera aussi facile de démontrer l'existence que de détruire l'impression ?

Il avance, dans sa consultation, que l'autorité n'a point fait ce qu'elle a pu pour empêcher qu'on pillât sa maison ; et il cherche à persuader qu'elle est demeurée sans défense, par la retraite de la sentinelle qui y avait été posée jusqu'au moment de l'enlèvement de la caisse municipale.

L'autorité, ou l'administration provisoire qui en avait l'apparence, avait placé un détachement de gardes nationaux devant la maison du sieur Guy, pour déconcerter, par ce développement de forces, les projets de ceux qui pourraient tenter de s'y introduire.

Ce détachement est forcé. Le sieur Étienne

Bompard qui en fait partie, est blessé par les baïonnettes que la garde a croisées, et que des flots de peuple dérangent, poussent et pressent contre la poitrine de ce jeune homme. D'autres gardes nationaux, également maltraités, succombent sous le nombre, et offrent un témoignage irrécusable des précautions prises, et de la résistance employée par les plus notables habitans d'Agde, contre les tentatives et les efforts d'une populace furieuse, grossie de tous les étrangers que la pêche attire dans nos bateaux, ou sur nos grèves.

Ainsi, le pillage de la maison du sieur Guy, n'est ni le résultat du défaut de mesures propres à l'empêcher, ni l'ouvrage du peuple d'Agde seul, comme il le prétend dans sa consultation.

Que demande donc aujourd'hui le sieur Guy aux habitans d'Agde, si ce n'est de payer ses travers et ses fautes ? Qu'attend-il de l'exagération ridicule de ses pertes, si ce n'est la comparaison frappante de l'exiguité des facultés dont il a joui jusqu'à ce jour, avec l'énormité de celles qu'il voudrait acquérir tout à coup à nos dépens ?

La loi qu'il invoque, ne porte pas l'oubli des intérêts de la société, jusqu'à vouloir que celui qui s'est attiré le mal dont il se plaint, en trouve le remède chez ceux qui n'ont pu l'empêcher. Elle n'a rien d'applicable à la circonstance extraordinaire, dans laquelle se trouvait la ville d'Agde à la fin de juin 1815. Ses dispositions se ressentent trop de l'esprit du temps où elle a été rendue, pour pouvoir s'approprier au nôtre. Voilà ce que j'ai démontré plus haut, il y a quelques instans. J'ajouterai à présent que des raisons d'intérêt général prescrivent l'abrogation de cette loi, ou tout au moins sa non-application à tous les cas semblables à celui de la ville d'Agde.

En effet, bien des villes, dans les égaremens de l'enthousiasme qu'excitait le retour du Souverain légitime, ont offert le triste spectacle des mêmes désordres que nous avons eu à déplorer. Marseille, Nîmes, et tant d'autres qu'il serait trop long de nommer ici, n'ont-elles pas perdu, dans l'ivresse de la joie, et dans les transports de leur amour pour les Bourbons, cette modération qui prévient les écarts, en éloignant les dangers de l'exaltation ? Si la loi du 10 vendémiaire an IV, sur la responsabilité des communes, est exécutée sur un seul point du Royaume, elle peut et va être invoquée sur tous les autres. Dès-lors, quel bouleversement ne menace pas toute la France ! Combien le cri confus de tous les intérêts, s'agitant autour des tribunaux qui doivent les juger, va réveiller de passions assoupies, et exciter de discordes nouvelles! Que de villes dans lesquelles le citoyen paisible, et qui en était peut-être absent lors des déprédations qu'on l'oblige à payer, verra une partie de ses facultés devenir la propriété d'un intrigant ou d'un perturbateur, qui sera tombé sous les coups de la vengeance populaire! Dans combien d'autres, la fortune publique risque d'être ébranlée par le grand nombre d'attaques que lui porteront ces victimes, prétendues ou véritables, d'un mouvement séditieux! Ainsi, l'auteur même des désordres qui auront affligé une ville pendant l'interrègne, aura le droit encore d'en dépouiller les habitans. Ainsi, ces écarts politiques que la clémence du Souverain tend à faire oublier, ces ressentimens que sa sagesse est parvenue à étouffer, ces partis que sa bonté généreuse a confondus dans un même sentiment d'amour, vont se reproduire par l'exécution funeste d'une loi, dont l'application aux événemens qui ont précédé ou accompagné la seconde restauration, va mettre aux prises les Français de toutes les époques et de toutes les couleurs.

Mais, non. Que nos inquiétudes se calment. La justice et la politique se refusent à étendre les dispositions de la loi du 10 vendémiaire an IV, aux circonstances dans lesquelles la ville d'Agde et tant d'autres se sont trouvées, après la bataille de Waterloo.

Des Ministres qui attachent leur gloire au maintien de la tranquillité de la France, et qui trouvent dans la confiance publique le prix de leurs efforts pour seconder les vues bienfaisantes de Sa Majesté, sauront prévenir, par la sagesse de leurs mesures, les graves inconvéniens qui résulteraient de l'exécution d'une loi, derrière laquelle viendrait se retrancher tout ce que la France a de moins digne d'elle, et de plus opposé à son régime actuel.

Peut-on croire, d'ailleurs, que si la clémence du Roi couvre, des bienfaits d'une amnistie, les délits commis par les ennemis de son autorité et de son auguste famille, il n'étende pas la même faveur à ceux dont ses sujets, dans le délire de leur amour pour les Bourbons, se sont rendus coupables en haine de l'usurpateur et de ses agens. Si la la balance pouvait ne pas être égale, la raison nous indique de quel côté elle devrait pencher.

Et n'est-ce pas l'équivalent d'une amnistie, particulièrement accordée à la ville d'Agde et à quelques autres, que cette ordonnance du 24 décembre 1816, par laquelle le Roi veut bien déclarer que Montpellier, Agde, Sette, Béziers, et quelques autres villes de notre département, ont rivalisé de dévouement et de zèle à son retour de Gand? Cette époque n'est-elle pas précisément celle du pillage de la maison du sieur Guy? par cette ordonnance, notre insurrection du 28 juin 1815, n'est-elle pas approuvée dans ses motifs comme dans ses résultats? Le peuple n'a-t-il pas aidé puissamment à les obtenir, et ses excès ne sont-ils pas malheureusement toujours ses moyens? Or, si le Roi, par son ordonnance du 24 décembre 1816, jette un voile sur ce qu'il y a eu de condamnable dans les événemens qui se sont passés dans Agde, à la fin de juin et au commencement du mois de juillet 1815, qui osera le lever au mépris des intentions manifestes de Sa Majesté?

Montpellier, chez TOURNEL Frères, Imprimeurs.

www.ingramcontent.com/pod-product-compliance
Lightning Source LLC
Chambersburg PA
CBHW060630050426
42451CB00012B/2510